よい習慣が身につく絵本

りんごちゃんと、おひさまの森のなかまたち

2

明橋大二 監修

太田知子 作

1万年堂出版

明橋大二先生から、推薦の言葉

譲ることは相手に
負けることではなく、
自分も他人も生かすこと

とっても大切なことを、子どもに
わかるように教える絵本です

監修　明橋 大二

私がいつも仕事をしている病院の待合室には、次のような言葉が掲《かか》げられています。

「負けている人を弱しと思うなよ　忍《しの》ぶ心の強きゆえなり」

　私たちは人間関係でどうしてもぶつかることがあります。そして、自分の都合を通して、相手が折れたときは、「勝った！」と思い、逆に自分が折れて、相手に譲《ゆず》ったときには、何だか負けたように思ってしまいます。

　しかし本当にそうでしょうか。

　人と人が一緒《いっしょ》に生きていくときには、どちらかが譲《ゆず》らなければならないことがあります。そういうときは、譲《ゆず》った人の

『子育てハッピーアドバイス』シリーズの著者、

ほうがりっぱなんだ、なぜなら、それだけ自分を抑《おさ》えてがまんする力が強い人だから、とこの言葉は教えているのではないかと思います。

そんな甘《あま》いこと言ってちゃ、この世の中は生き残れないよ、所詮《しょせん》、この世の中は、弱肉強食、強い者が生き残るんだ、と言う人もあるかもしれません。

しかしたとえば動物の世界でも、いちばん強い動物といえば、ライオンやトラになるでしょう。食物連鎖《しょくもつれんさ》の頂点に位置しています。ところがそういう強いライオンやトラが、今や絶滅危惧種《ぜつめつきぐしゅ》に指定されています。逆に力は弱くても、他の生物と上手《じょうず》に共生したり、ギブアンドテイクの関係を築いたりしている生き物のほうが、繁栄《はんえい》している例はたくさんあります。

おはなし①で、コンきちくんとぶつかって、悔《くや》しい思いをしたポンタくんですが、マクさんによって、相手に譲《ゆず》ることの大切さを教えられます。

譲《ゆず》ることは相手に負けることではなく、自分も他人も生かすこと。

ここに書かれたお話は、子ども向けには書いてありますが、実は大人《おとな》の世界にも通用する、あるいは国と国の関係にも通用する、とても深い内容だと、感じる人は私だけではないと思います。

多くの子どもたちに、読んでもらいたいと願わずにおれません。

明橋大二（あけはし だいじ）
心療内科医・スクールカウンセラー
真生会富山病院心療内科部長

もくじ

おはなし1 いえるかな？ 「お先《さき》にどうぞ」で ひろがるえがお！ 9

おはなし2 ハッピーは、 ひとりじめしないで みんなにくばろう 23

おはなし3 ともだちに やさしくしんせつ できるかな？ 35

きみはできてる？ マナーチェック1 でんしゃやバスにのるときのマナー 44

きみはできてる？ マナーチェック2 しょくじをするときのマナー 66

おはなし4　おかあさんの　いちばんのたからものは、　あなたです　49

おはなし5　けんかをしたときは、　じぶんから　あやまってみよう　69

おはなし6　やくそくは、　がんばってまもろう！　85

♥きょうのあなたは　だれタイプ？　46

♠かくれんぼ　83

★めいろ

・みんなにリンゴをくばろう！　98

・いちばん早《はや》くつくのは、だれ？　99

・ひろばでパーティー　101

おひさまの森《もり》の なかまたち

森《もり》山《やま》 りんご

あかるく まえむきな
小学《しょうがく》1年生《ねんせい》。
森《もり》のどうぶつたちの
おともだち！

ブタオくん

ブタきょうだいの おにいさん。
こう見《み》えても、しょくぶつを
あいする こころのもちぬし。

プースケくん

ブタきょうだいの おとうと。
おっとりしているが、
おにいさんを ささえる、
しっかりもの。

コンきちくん

いばりんぼうで
かっこつけたがり。
もてようと がんばるが、
いつも うまくいかない。

ポンタくん

あまえんぼうで、
マイペースな男《おとこ》の子《こ》。
かたづけが にがて。

モンチロウくん

おもしろくて、
人《ひと》をわらわせるのが 大《だい》すき。
すきな たべものは、もちろんバナナ。

タマちゃん

げんきいっぱいで
まけずぎらいの　がんばりや。
スポーツがとくい。

ミケちゃん

タマちゃんのしんゆう。
あいじょうたっぷりの
かぞくにかこまれた、
女《おんな》の子《こ》。

チーちゃん

生《う》まれたばかりの
ミケちゃんのいもうと。

マクさん

子《こ》どもたちの、やさしい　おにいさん
のような　そんざい。
森《もり》のおくにすんでいます。

1巻《かん》に出《で》てくるおともだち

ニールくん

クールを　きどっているが、
女《おんな》の子《こ》が　大《だい》すき。

ヒツジのおばあさん

子《こ》どもたちのことが、
大《だい》すきな
やさしいおばあさん。

そんちょうさん

おひさま村《むら》の
たよれるそんちょう。

ブンブン

大《だい》かぞくで、おひさまの森《もり》
にすんでいます。

おはなし1

いえるかな?「お先《さき》にどうぞ」でひろがるえがお!

ポンタくんが
いえにかえると
プ〜〜ン
ああ
いいにおい……
くん
くん
ただいま〜〜〜
おかえり
ちょうどパンが
やきあがったのよ
ポンタ、わるいけど
おじいちゃんのところへ
もっていって
え――!!
おじいちゃんのいえは
すこしはなれた
となり村《むら》にあります
な――んだ!
うちでたべるんじゃ
なかったのか
ぷん
ぷん

となり村《むら》へいくには
まるたばしを
わたらなければ
なりません
あ
コンきちくんだ
いやだなぁ……
よぉ
オレがわたって
いるんだ
ちょっと
どいて
もらえないかな
え――っ

ぼく
おじいちゃんの
いえに
いそいで
いかなきゃ
いけないんだ！
オレだって
いそいでいるよ
オレが
先《さき》だ！
ぼくだよ!!
ぐい
オレが！
わっ
すべっ
ああ
！

ばっしゃーん
ああ――!!
プカプカ
とぼとぼ
おかあさん
これ……
ブョブョ

ガミ
ガミ
ガミ
ガミ
ガミ
ちぇっ
コンきちくんの
せいだ――!
つぎの
あさ――
ポンタ――
またやいたのよ
こんどこそ
ちゃんと
とどけてちょうだい
……
ちぇっ!
ちぇっ!

マクさん……
はっ
ごめんなさい ぼく もどります
くるっ
いやいや いいんだよ
いそぐようじも ないし
ぼくが もどるよ

お先《さき》にどうぞ
!!

ど、どうも
ありがとう
ございます……
ポンタくんは
ほんとうに
きもちがよく
なりました
「お先《さき》にどうぞ」
って
すてきだなぁ……
こころが
こんなに
あたたかくなって
まあるいもので
つつまれる
かんじ

パンも、こころも
ほんわか
あったか〜〜〜い

かえりみち――
おじいちゃん あんなに よろこんでくれたし
よかった
でーん
コ、コンきち くん!!
はっ
むかーっ

きのうは ごめんねっ きょうは ぼくが ゆずるよ！
さあ どうぞ！
ど……
どうも ありがとう ……

よかったね
どちらのほうが
とくをしたか
わかったみたい
だね
けっきょく
ゆずったほうが
早《はや》く
わたれた

りんごちゃんの しあわせのおはなし 1

人《ひと》にゆずるって、じつは、とってもむずかしいこと。

おもちゃを　ともだちにゆずる。
でんしゃで　せきをゆずる。
みちを　ゆずる。
いけんが　ぶつかったときに、あいてにゆずる。

大人《おとな》になっても、人《ひと》にゆずるって、
なかなか　できないことなんだって！

ゆずったら、まけたように　おもうけれど、
まったく　はんたいで、
ゆずった人《ひと》のほうが　りっぱなんだって。

みんなが、ゆずるきもちを　もっていれば、
よのなかは　へいわで、きっと　けんかなんて　なくなるね。

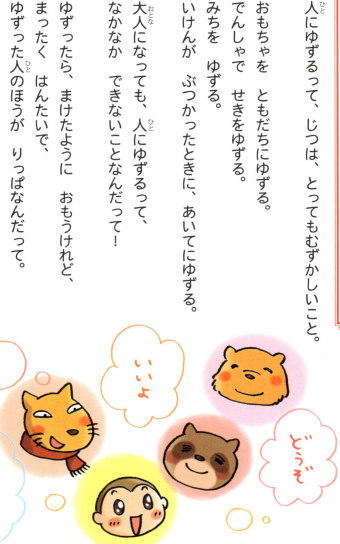

人《ひと》にゆずれば　よのなかは　やさしい！

おはなし２

ハッピーは、ひとりじめしないでみんなにくばろう

ブタきょうだいの
にわに
リンゴのみが
たくさんなりました
わ――い
うまそ〜〜
やったぜ!
よっこらしょ
ふたりで
わけても
こんなに
あるよ――

こんなにたくさんどうしよう……
いただきまーす♡
カプ
そうだ!!
こりゃあ あまいぜ
いつもおせわになってるマクさんに!
どうぞ!
うわあっ くれるのかい?

うちのにわでとれました
まあっおいしそう!!
うめ〜
モンチロウくんもどうぞ!
うわあありがとう!!
チロ
がつがつ
あ〜あもったいない
あんなにくばっちゃってじぶんのぶんがどんどんへっていくじゃないか
むしゃむしゃ
えっ
いいのかい?
どうぞ!

ふ〜〜〜
おなかいっぱい
げふっ
しばらく
リンゴは
見《み》たくないよ
たべきれないなら
おにいちゃんも
みんなに
くばってきなよ
すっごく
よろこばれるよ
けっ
だれが
じぶんのが
へるくらい
なら
むり
してでも……
うっ
あとは
だれに
もっていこうかな……

どうぞ
どうぞ
すうじつご
あーあ
そんなにすくなく
なっちゃって
ぼくなんて
まだこんなに
あるよ
いいだろ〜
おっと
ぼくは
わけてなんか
やらないよ
おまえが
くばりまわった
のがわるいんだ
からなっ
あてに
するなよ

いいんだよ
みんな とっても よろこんで くれたから
かぁっ
ほんとに ばかなヤツ ぜんぶひとりで たべられたのに ほとんど人《ひと》に くばっちゃって……
お人《ひと》よしにも ほどがあるだろ
あんなに そんしちゃって さ……
ピンポーン
こんにちは～ プースケくん いる～～？

このあいだはリンゴありがとう
おれいにケーキをやいてきたよ！
わあっ
!!
プースケくーん
ピンポーン
ぼくの大《だい》こうぶつあげる〜♪
プースケくん
りっぱなおさかながとれたのよ！
わたしはミルク！

プースケく―――ん!!
わあっ！カゴがいっぱいになった!!

いいなぁ……
ねぇ ぼくの リンゴと とりかえて くれよ〜
あ!!
ぼくの リンゴが くさって いる!!
たべきれずに ぜんぶ くさって しまった〜
そんなぁ〜
ひとりじめ したら こんな ことに……
ずん

おにいちゃん
たべきれないからいっしょにたべよう
……
ありがとう
ほんとうだ
わけてもらうと
こんなにうれしい
しらなかったよ
リンゴって
人《ひと》にあげたら
ふえるんだなぁ

りんごちゃんの しあわせのおはなし 2

ひとつのリンゴを　人《ひと》にわけると、ふたつになって　かえってくるんだって。

ふたつのリンゴを　人《ひと》にわけると、４こになって　かえってくるんだって。

ほんとかなぁって？　そうおもったら、やってみて！

そういえば、あうたびに　いろんなものをくれる
ヒツジのおばあさんって、いつも　しあわせそう。

リンゴじゃなくても、なんでもいいよ。
えがおでも、やさしさでも、出《だ》しおしみしないで
どんどん人《ひと》にわけてみよう。
きっとたくさんの、いろんなものに　かわって、
あなたに　かえってくるよ。

なんでもいいよ。
どんどん人《ひと》に　わけてみよう！

おはなし3

ともだちに
やさしくしんせつ
できるかな？

みんな
オレのわざを
よ――く見《み》てろよ!!
きりっ
それっ
お――!!
くるんっ

すたっ
すご──い!!
ぱち ぱち ぱち ぱち ぱち
どうやったの？
わたしたちにもおしえてよ
わい わい
ふふふふ
こんなわざができるのはおひさまの森《もり》でもオレさまだけだ
そうかんたんにはおしえられないよ
そんなこといわないでおねがい！
いやだね
なんでもするからおねがいよ！
そうだねぇ……

おまえは きょうの おやつと こうかんだ
むっ
おまえは オレの かわりに かいものに いったら おしえて やろう
むむっ
さぁ 女《おんな》の子《こ》たちは てつぼうにつかまって
こう？
だめだめ ぜ――んぜんだめ そしつがないね
かちんっ
見本《みほん》を 見《み》せてやるか
くるりんっ
むか～っ

こうだろ
くるっ
こうだろ
できた！
すたっ
あ、すごい
どうやったの？
まず
こんなふうに
つかまってね
ふむふむ
おーい、ぼくにも
おしえてくれよ
はっ
てて
がんばれ〜〜!!
もうすこし！

ぽっん……
……
ポンタくんも
なかなかやるねぇ……
オレほどじゃないけど
すーっ
どれ
そろそろ
おしえてやると
するか
わたし
いい
ポンタくんに
おしえて
もらうから
ぼくも
かいものには
いかないよ
そ、そんなぁ〜〜
がーーーんっ

もう、いばったりしないから
なかまに入《い》れてくれよ〜〜
おともだちには
しんせつに
しようね

りんごちゃんの しあわせのおはなし 3

やさしく、ていねいに　おしえてくれる人《ひと》は　すきだけど、
いばりんぼうで、じまんばかりする人《ひと》は、いやだなあ。
みんな、やさしい人《ひと》がすき。

いばってばかりいると
ともだちが　にげていっちゃうよ……

できない子《こ》がいても、イライラしないで、
やさしくおしえてあげてね。

しんせつな人《ひと》は　みんなから　すかれる

大《おお》いに
しっぱいしよう!!
どんなたいけんも
みな、たからもの

きみはできてる？マナーチェック 1

でんしゃやバスにのるときのマナー

マナー1
まつときは、ウロウロしたいきもちをぐっとこらえてならぼう

じゅんばんにならんだら、うごきまわらずに、じっとしていよう！
いちど、れつからはなれたら、もう、もとのところには、もどれないからね。
きょうみのあるものが、たくさんあるけれど、じっと、まっていられたらりっぱだよ！

わりこみをされたら、とてもかなしくなるね。もし、そんな人を見かけたら、ちゅういしてあげてね。

マナー2
でんしゃやバスがきたら、まずおりる人《ひと》が先《さき》

「おりる人が先で、のる人があと」それがのりもののルールだよ。ドアがあいても、すぐにはのりこまないで、おりる人がぜんいんおりるまで、まってね。

マナー3
出《で》入《い》り口《ぐち》をふさがない

とびらのちかくは、のりおりする人のために、あけておこうね。

マナー4

せきはつめてすわろう

ねころがったり、
足をなげだしたりしないで、
たくさんの人がすわれるように、
きょうりょくしてね。
にもつは、ひざにおきましょう。

マナー5

あるきまわらない。しずかにする

のりものにのると、
ワクワクしちゃうけど、
まわりの人の
めいわくになるから、
ちいさなこえで、
おはなししてね。
うたったり、はしったり、
つりかわであそんだりしたら、
ぜったいダメだよ！

マナー6

ざせきはみんなのもの。くつでのぼらないでね

そとのけしきを見たいときは、
まずくつをぬいでね。
となりの人に、足があたらないように、
気をつけて。

★これができたらレベルアップ！☆

せきをゆずる

お年よりや、
赤ちゃんが
おなかにいる人、
赤ちゃんを
つれた人、
けがをしている人には、
せきをゆずりましょう。

バスのうんてんしゅさんに、ごあいさつ

バスからおりるときに、
うんてんしゅさんに
「ありがとうございました」って、
いってみよう。
うんてんしゅさんは、
「きょうも一日がんばるぞ！」って、
とってもうれしくなるんだよ。

きょうのあなたはだれタイプ？

おやつをたべようとしていたら、ともだちがきました。どうする？
はんぶんこ！
ともだちがかえってからひとりでたべる
ほしいのはどっち
ゲーム
ぬいぐるみ
すきな夕《ゆう》しょくのメニューは？
カレーライス
ラーメン
どっちがすき？
ケーキ
せんべい
ちかくの人《ひと》とじゃんけんぽん
かった！
まけたあいこ
きょうほめられた？
はい
イエー
いいえ
ノー!!
じぶんのいいところ、3ついじょういえる？
かっこよくてあたまよくてスポーツできて
ふっ
いえるよ
えーと…
いえない
どちらがすき？
りんごちゃん
ブタオくん
きょうおてつだいをした？
した!!
してない
だれかにきいてきて〜!!

あまえんぼうのあなたは

ポンタくんタイプ

かぞくぜんいんと
ぎゅ――――――っとしましょう♥
しあわせなきもちになるでしょう

あかるいあなたは

タマちゃんタイプ

３人いじょうにおおきなこえで
あいさつをしよう！
きょうはげんきにすごせるでしょう

おもいやりのあるあなたは

ブタオくんタイプ

人のよいところを３ついじょう
あげてつたえましょう。
うれしいきもちになるでしょう

しっかりもののあなたは

プースケくんタイプ

げんかんのくつをそろえましょう。
すっきりきもちがよく
なるでしょう

えがおのステキなあなたは

りんごちゃんタイプ

きょう１日えがおでがんばりましょう。
たのしいきもちがつづくでしょう

人生《じんせい》はいちどきり
せいいっぱいたのしもう

おはなし4

おかあさんの
いちばんのたからものは、
あなたです

こうでしょ
こうでしょ
——あれ
どうやって
おるんだっけ？
おかあさーん
つるのつくりかた
おしえて——
ばんっ
ちょっと
まって
うふふ
いま、手《て》が
はなせないのよ
きゃきゃきゃきゃ
あ……
ちぇっ
つまんないの
こらこら
うごかないで
ひゃひゃひゃ

ぐううう
おかあさ——ん
おなかすいた
ああそうね
いま
ミルクの
じかんだから
おわったらね
おいしいね〜
よしよし
むっ

チーちゃんばっかり
ずるい
チーちゃんが
生《う》まれてから
いっつも
わたしが
あとまわし
まーかわいい
かわいい
おかあさん
わたしより
チーちゃんの
ほうが
すきなのかな……
あ――あ
おねえちゃん
なんて
なりたく
なかったな――

ぽっ……
ぽっ
ぽっ
ぽっ
ぽっ
雨《あめ》だ……
ぽっ
ぽっ
おかあさん……
ばあっ
きゃきゃきゃ
なんかあたまがいたいんだけど
まぁっ！

たいへん かぜかしら
すこし 休《やす》みなさい
ほぎゃっ ほぎゃっ
お――よしよし ごめんね～～
ぱたん
ピクッ
いないいない ばぁ～～♪
きゃきゃきゃ
いないいない ばぁ～♪
きゃきゃ
ドタ
ドタ

シーーン
おかあさん……
え……
ざーー
ざーー
いない……

そんな……
かぜをひいた
わたしをおいて
おかあさん
どこかへ
いっちゃった
ひどい！ わたしなんか
どうなってもいいんだ!!
わたしより
いもうとのほうが
かわいいんだ！
わたしのこと
だいじにして
くれない！
かまって
くれない！
あそんで
くれない!!
くれないの
ブタ
ザーー

ぴかっ
びくっ
ごろごろ
にゃあっ
ごろごろ
おかあさん
ざー
ざー
こんなあらしの中《なか》どこにいるの？
おかあさん……
ぬれてないといいけど……

はっ
ふんだ！
ばっ
そんなこと
どうだって
いいけどね!!

ただいま!!
ばんっ
ミケ ぐあいはどう? くすりを もらってきたよ
え……
わたしの ために……?
こんな 雨《あめ》の中《なか》を……?
はあ はあ
ああ やっぱり ねつが上《あ》がって きたわ かわいそうに
くすりをのめば きっと よくなるわ
ホットミルクを つくるから あったかくして 休《やす》もうね
おかあさん……

MILK
ミケにはいつもがまんばかりさせてごめんね
でもミケがいてくれておかあさんほんとうにしあわせだよ
ミケはおかあさんの
さいこうのたからものだよ

おかあさん
おかあさん
わたしも
おかあさんのこと
せかいでいちばん
大《だい》すきだよ!!

あいじょうパワー
まんたんになったら
むく
むく
むく
あたまがいたいのも
ふきとんじゃった！
おかあさん
わたし
げんきになった
みたい！
まぁ！
くすくす

よーし、じゃあ
ミルク
のみおわったら
さっきの
おりがみ
いっしょに
しようか
うん！
ほぎゃー
わっ
ほぎゃ
ー
ほぎゃ〜〜っ
あーあ
チーちゃん
おきちゃった
ほぎゃーー
ミケ……
おかあさん
いいよ
いってあげて！
わたしは
だいじょうぶ
だから
えっ
ミケ……
ありがとう
えへへ
へ……

おかあさんだって
たいへんなんだ
わたし
おねえさんだもん
かぜがなおったら
わたしもいもうとの
せわをしよう

りんごちゃんの しあわせのおはなし 4

おかあさんって、ちいさい子《こ》にばかり　やさしいし、
あまいし、かわいがっているし……
なんだか上《うえ》の子《こ》は、ふてくされちゃうよね。

でもおかあさんって、子《こ》どもが　なんにん　いても、
ぜんいんが、かけがえのない　たからものなんだって。

ひとりひとり、かおも　せいかくも　ちがうけれど、
それぞれが、いちばん　かわいいんだって。

みんながいちばんって、そんなことって　あるのかな。

わたしも、おかあさんになったら　わかるのかなぁ。

おかあさんは
あなたが　いちばん　大《だい》すき

きみはできてる？マナーチェック２

しょくじをするときのマナー

マナー1

ごはんだよ！ぜんいん、しゅうごう!!

しょくじのときは、いまやっていることを、とりあえず、やめよう。しょくじは、みんなでたべたいし、あたたかいうちに、たべてほしいからね。

マナー2

げんきに「いただきます」と「ごちそうさま」のごあいさつ！

りょうりをつくってくれた人や、やさいなどをそだててくれた人へ、かんしゃのきもちをことばにしよう。

マナー3

立《た》ちあるきはダメ！

しょくじのじかんは、たべるじかん。あそびあるいていると、たべられないよ。ポタポタたべものがこぼれるし、これは、赤ちゃんみたいだよね。

マナー4

こんなこと、していない? さあ、チェックしよう!

● ねこぜ

● ひじをつく

● しせいがわるい

● おさらにちょくせつ口をつけてたべる

(★ちゃわんは、手にもつのが、マナーだよ)

● くちゃくちゃ音を立ててたべる

● しょっきでカチャカチャ音を立てる

✕ これらはすべて、ぎょうぎがわるいことだよ。

マナー5

「さげぜん」はかっこいい!

たべおわったら、
しょっきパフェをつくってみて♪
とってもかんたん、
じぶんのしょっきを
かさねるだけで、はい、かんせい!
それを、だいどころに
はこんでくれると、
おかあさんは、
とってもたすかるよ。

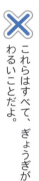

だいじょうぶ
あなたは
すばらしいんだから

おはなし5

けんかをしたときは、
じぶんから
あやまってみよう

モンチロウくんとポンタくんはなかよしです
すっ
あっ!!
あーん
ちょっとまって!!
ん?
ぱくっ

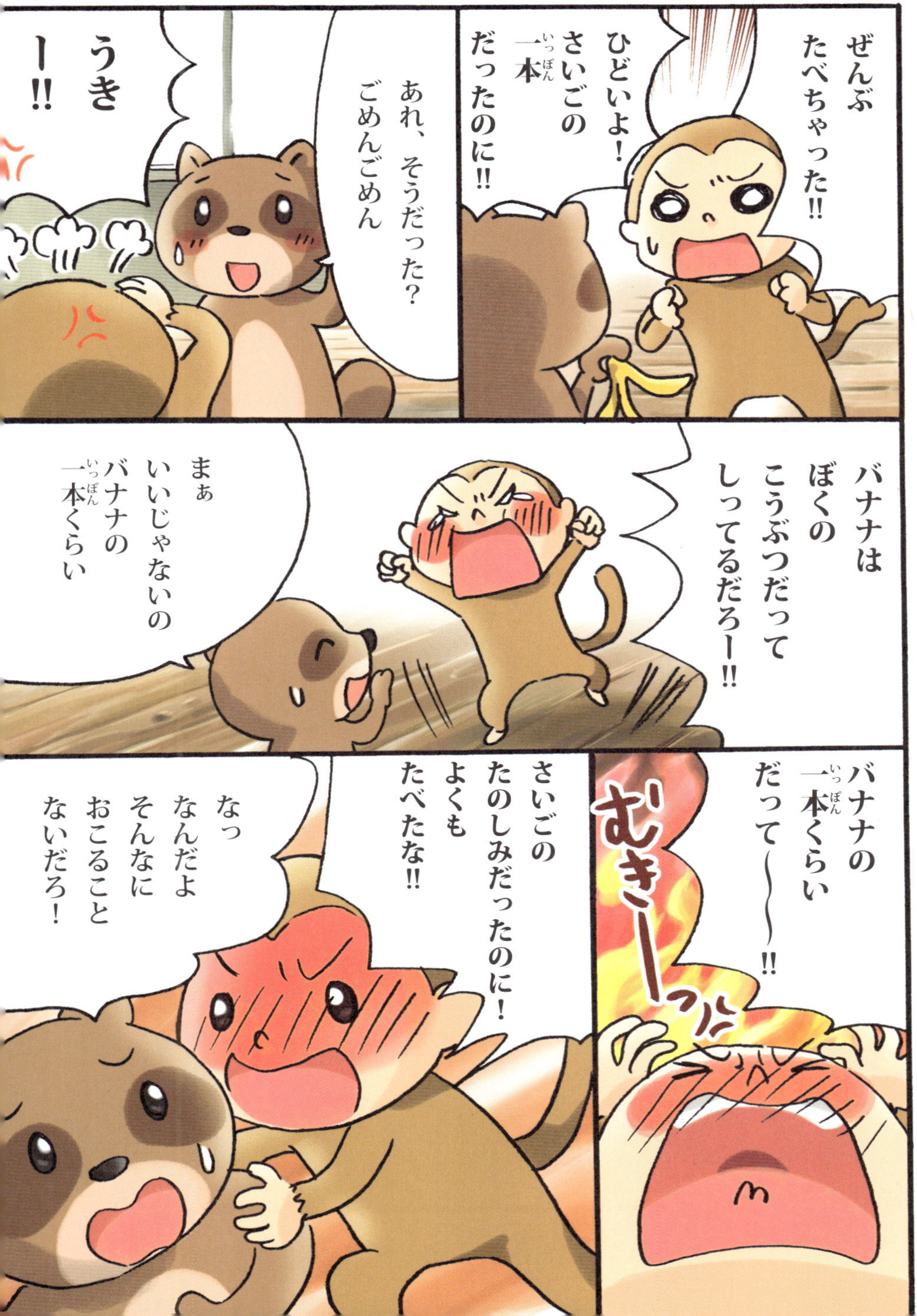
ぜんぶたべちゃった!!
ひどいよ！さいごの一本《いっぽん》だったのに!!
あれ、そうだった？ごめんごめん
うきー!!
バナナはぼくのこうぶつだってしってるだろー!!
まぁいいじゃないのバナナの一本《いっぽん》くらい
バナナの一本《いっぽん》くらいだって〜〜〜!!
むきーっ!!
さいごのたのしみだったのに！よくもたべたな!!
なっなんだよそんなにおこることないだろ！

ちゃんとあやまってくれるまできみとはぜっこうだ!!
なっなに〜〜〜!?
こんなことくらいで……
こっちこそぜっこうだ!!
ばたんっ
ふん!
むこうがあやまるまで口《くち》もきかないぞ!!
ぜったいあやまらないぞ!!

チュン
チュン
ポンタ あそびに いくの？
うん
じゃあ みんなにバナナを もっていって あげて
え、いいの!?
モンチロウくん きっと よろこぶぞ!!
わあい
わあい♡
――あ
そうだ けんかして いたん だっけ……
しょぼん

わぁい♪いい天気《てんき》！ポンタくんとキャッチボールしよ〜っと！
――あ
そうだ　けんかしていたんだっけ　きょうは　ポンタくんと　口《くち》もきけないや
あれれー
おっとっと
あーあ　つまんないな
やっぱり　ポンタくんと　じゃないと　ちょうし出《で》ないよ　早《はや》くいっしょに　あそびたいなぁ……
はぁ〜っ

どうぞえんりょなく！
わあっポンタくんどうもありがとう!!
あーあほんとうはモンチロウくんにもあげたかったのに……
チロ
早《はや》くなかなおりしたいなぁ……
チラ
あっ!!
ふんだ!!

あっ
あぶない!!
しゅる
しゅる
しゅる
しゅる
どかっ
――つйд★eヾэ!!!
モンチロウくん!!
だっ

だいじょうぶ!?
あっ
はなしかけちゃった……
……

うん
ぱあぁぁっ

なーんだ
モンチロウくん……
らりらり〜〜
らり〜〜
ポンタくん……
なかなおりって
こんなに
かんたんな
ことだったんだ
ぼくにも
あやまらせて
くれよ〜〜

ポンタくん、きのうはあんなにおこったりしてごめんね
ぼく、早《はや》くポンタくんとなかなおりしたかったんだ
ぼくもだよ!!
いじなんかはらないでもっと早《はや》くごめんっていえばよかった
ほんとだね
ぷっ
やったー!!これでまたあしたからポンタくんとキャッチボールができるぞー!!
あっ!
いちちち……
うっ
うん!そのけががなおったらね!

りんごちゃんの しあわせのおはなし 5

ともだちと　けんかをしたときって、
ほんとうに　いやなきもちに　なるよね。

でも、なんで　けんかしたんだっけ？
じつは、たいしたことじゃ　なかったりして。

おこっているときは、あいてがわるい　としか　おもえないけれど、
ほんとうは、あいても、じぶんも、ちょっとずつ　わるかったりするもの。

それなら、つまらない　いじのはりあいを　していないで、
早《はや》く　あやまってしまったほうが　いい！

いやなきもちで　いるときって、
なにをしても　たのしくないし、ハッピーが　にげていくからね。

さあ、ゆうきを出《だ》して。かならず　なかなおりできるよ！

先《さき》に　あやまったほうが　かち！

「ま、いっか」コース
ま、いっか
あそぼー
たのしい
あしたも
いっぱい
あそぶぞー
たのしい
あさ!!
きょうも
いい一日!
たのしい
まいにち たのしい
いじはりコース
ぜったいにゆるさないぞ
ぜったいに口をきくもんか!
たのしくない
あいつ
きょうも
あやまら
なかった!
ムカ
ムカ
たのしくない
あさ
ハァー
ゆううつ
たのしくない
まいにち たのしくない

つぎのページでかくれるよ

りんごちゃん、ブタオくん、プースケくん、コンきちくん、ポンタくん、モンチロウくん、マクさん、ミケちゃん、タマちゃん、ニールくん、リスさん、ウサギさん、ハチさん（２ひき）が、かくれているよ！

（こたえは102ページ）

おはなし❻

やくそくは、がんばってまもろう！

じゃあ
ぼくが、るすのあいだ
たのんだよ
わかった
やくそくだぞ!
がちっ
ブタオくん
マクさんと
なんのやくそく
したのかしら?
気をつけて〜〜
いってきまーす

ひょいっ
おにいちゃん マクさんと なんのやくそくしたの？
うふふ♡ な——いしょ ないしょ
あーー おしえて よーー!!
つぎのあさ——
ごそ ごそ
おにいちゃんが 早《はや》おきする なんて めずらしい……
どこへ いくんだ ろう……

ああ!!
早《はや》く おおきくな——れ 早《はや》く おおきくな——れ
おにいちゃん マクさんとの やくそくって はたけに水《みず》を まくこと?
なーんだ ついてきたの
わあっ! びっくりした
マクさんが ながいこと るすに するから、そのあいだ はたけのせわを たのまれたの
たのんだよ
よし きた!
どんな花《はな》が さくのかなぁ……
たのしみだね
わく わく わく わく

しかし、これって
けっこう　たいへんだよなぁ
たいようが
のぼるまえに
もういちおうふく
はー
こんなに　たいへんなことだって
マクさん、しってたかなぁ……
あさは　すこしでもながく
ねていたいし――
！
チュン！
ぐぅ……

つぎの日《ひ》――
ブタオくんは はたけに いかなかった――
つぎの日《ひ》も なまけた
ゆさ ゆさ
ねえ おきなくて いいの？
まいにち 水《みず》やりしなくたって だいじょうぶだよ～
むにゃ むにゃ
でも、マクさんと やくそく、したんでしょ
こんなに たいへんだとは おもわなかった んだも――ん
――もう めんどくさくなっちゃった
やくそくなんて いいや
ごめんなさいっていえば マクさんも、ゆるしてくれるよ

やくそくより
あそんでるほうが
よっぽど
いいも——ん
ふう、のどかわいた……
ちゅう
はたけのはっぱも
きっと、のど
カラカラだよね……
ごく
……
十日《とおか》めのあさ、
はたけにいってみた
ありゃ
草が
ぼーぼー
あっ

そんな――
がーんっ
ぜんぶ しおれてる――
ごめんよ～ごめんよ～
ぼくがやくそく やぶった ばっかりに～
さああっ
ぼく これからは ちゃんとやくそくを まもるよ……

それからブタオくんは
くる日《ひ》もくる日《ひ》も
はたけにかよい——

二《に》カ月《げつ》ご
ようやく
マクさんが
かえってきました

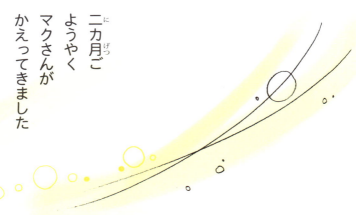

うわあぁ……
ぼくが、るすのあいだ
ブタオくんが
ちゃんと水《みず》を
やってくれたから
こんなに
すてきな
花《はな》ばたけに
なった!!
ありがとう！
ブタオくん
たいへんだったけど
やくそくまもって
よかった!!

これからも
ぼくたちは
ず――っと
ともだちだね

りんごちゃんの しあわせのおはなし 6

しんようされる人《ひと》に　なるために
いちばん　たいせつなことは、
やくそくを　かならず　まもることだって、
ママがいっていた。

どんなちいさな　やくそくでも、
したやくそくは　かならず　まもりなさいって。

いつも、できるかどうかを　よくかんがえずに
かんたんに　やくそくしちゃうから、
あとでこまっちゃうんだよね。

これからは、かならず　まもれるように、がんばるよ！

**どんな　ちいさな　やくそくでも、
たいせつにしよう**

あしたもきっと
すばらしい一日《いちにち》!!
おやすみなさい

みんなにリンゴをくばろう！

ブタオくんとプースケくんのにわで、リンゴがたくさんとれたよ。
村《むら》をひとまわりして、あったともだち、みんなにリンゴをあげてね。
おなじみちを、いちどしかとおらないで、いけるかな？
では、しゅっぱつ！

このキノコは、
なんこあるかな？
（こたえは
102ページ）

いちばん早《はや》くつくのは、だれ？

森《もり》のひろばに、いちばん早《はや》くつくのはだれかな？
とちゅうのしじに、したがって、ぐねぐねみちを、
よく見《み》てすすんでね。さあ、よーい、どん！

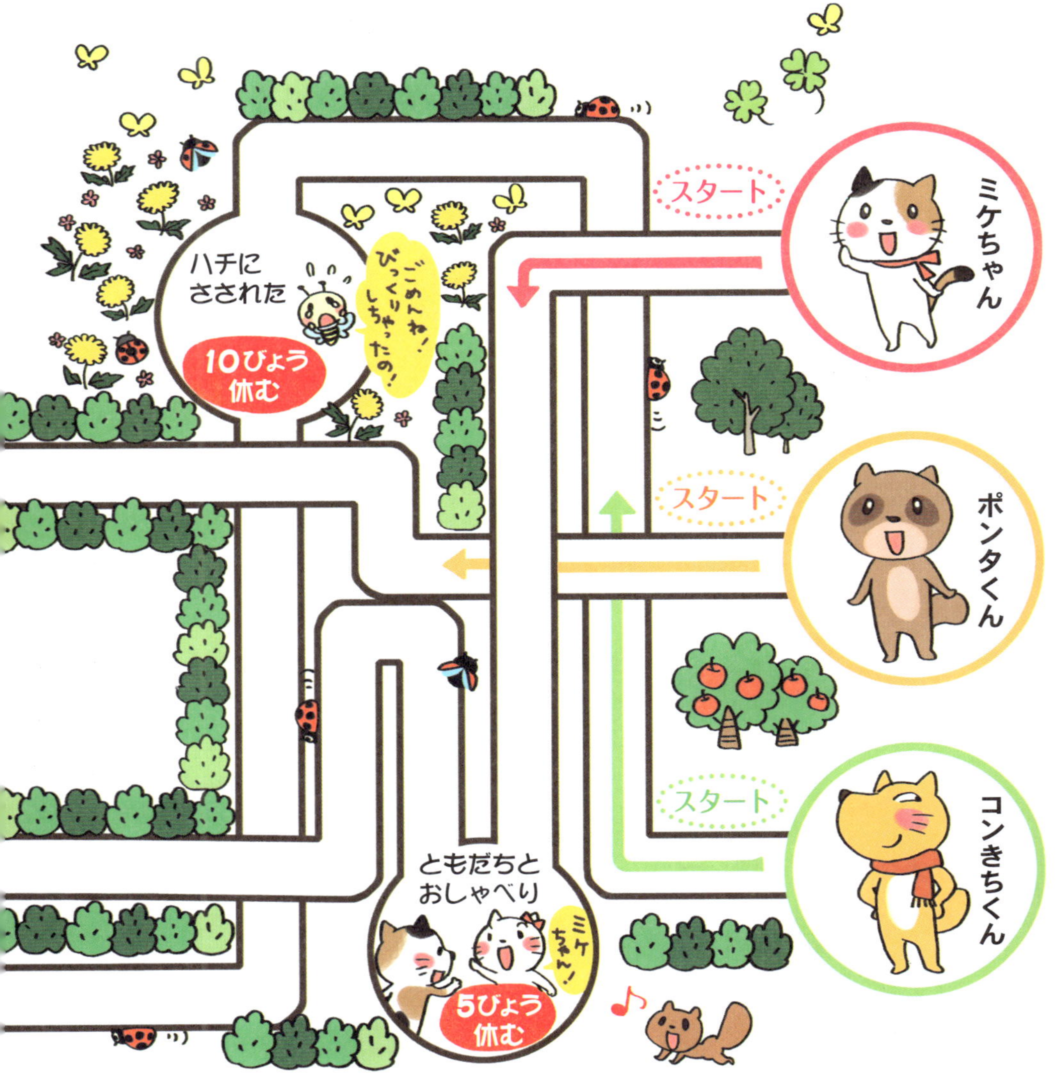

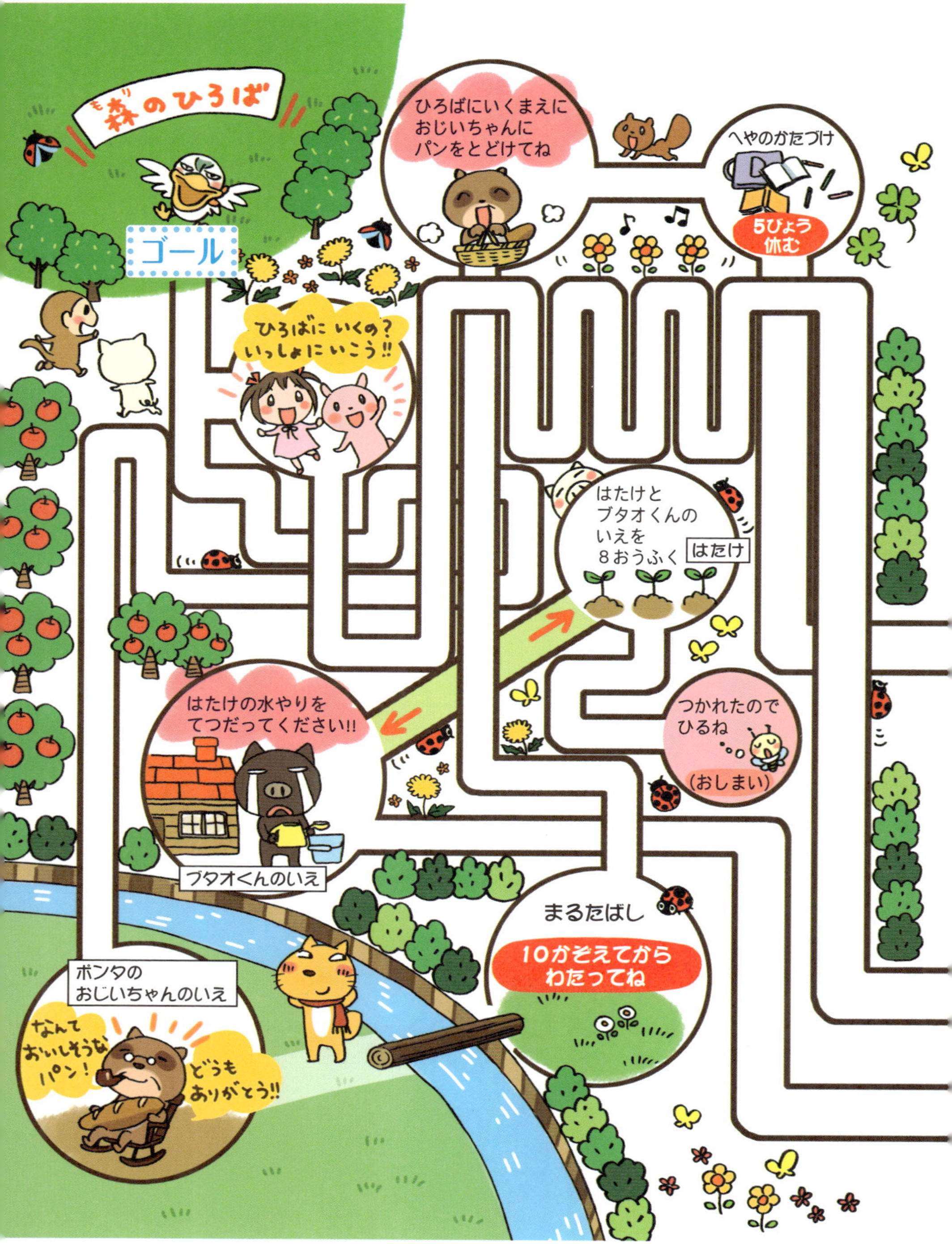
森《もり》のひろば
ゴール
ひろばにいくまえに
おじいちゃんに
パンをとどけてね
へやのかたづけ
5びょう
休む
ひろばに いくの？
いっしょに いこう!!
はたけと
ブタオくんの
いえを
8おうふく
はたけ
はたけの水やりを
てつだってください!!
つかれたので
ひるね
(おしまい)
ブタオくんのいえ
まるたばし
10かぞえてから
わたってね
ボンタの
おじいちゃんのいえ
なんて
おいしそうな
パン！
どうも
ありがとう!!

ひろばでパーティー

森《もり》のひろばでパーティーがはじまったよ。
おっとあぶない、気《き》をつけて。
だれにもぶつからないように、しょくじをとりにいこう。

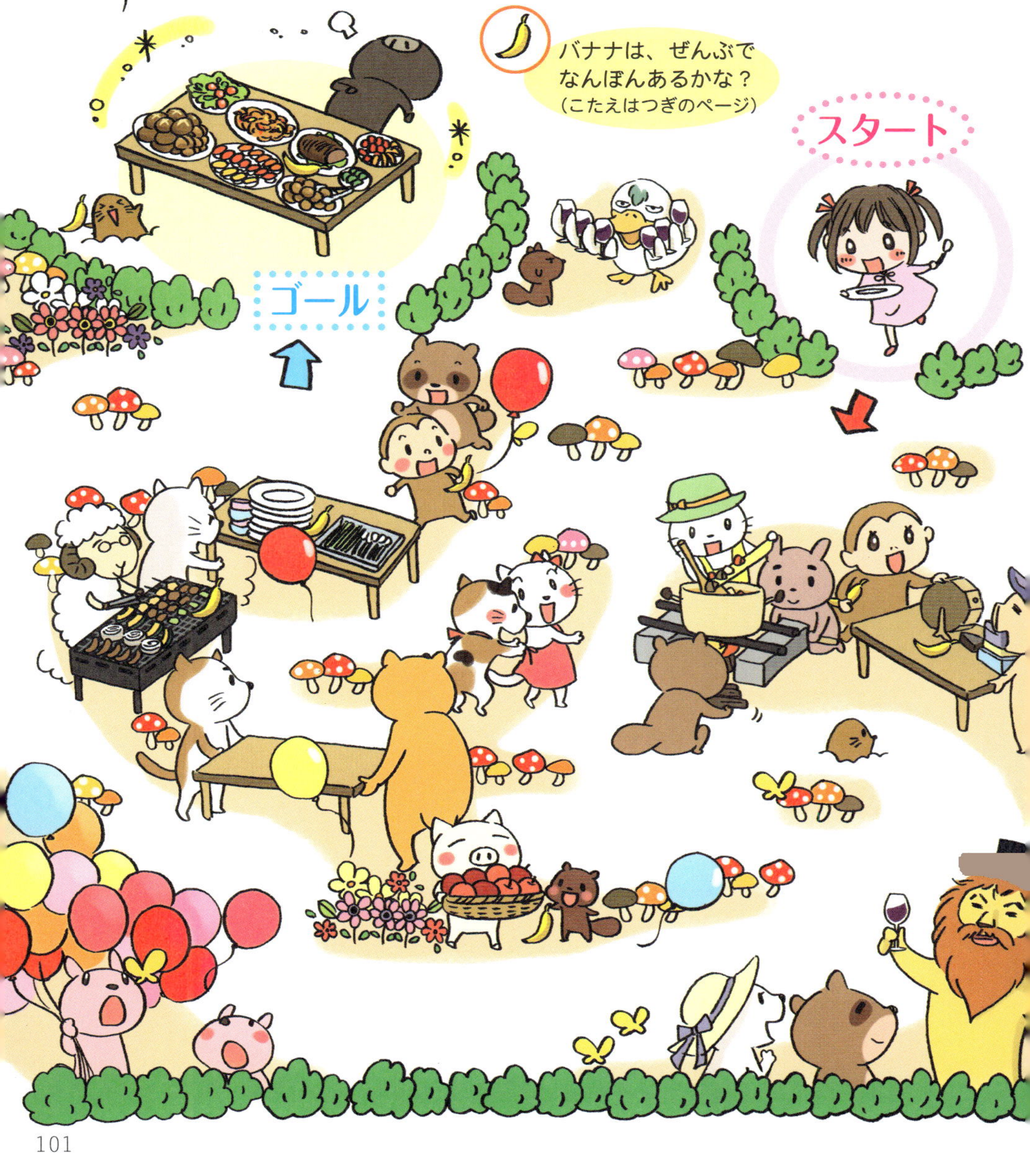

84ページ「かくれんぼ」のこたえ

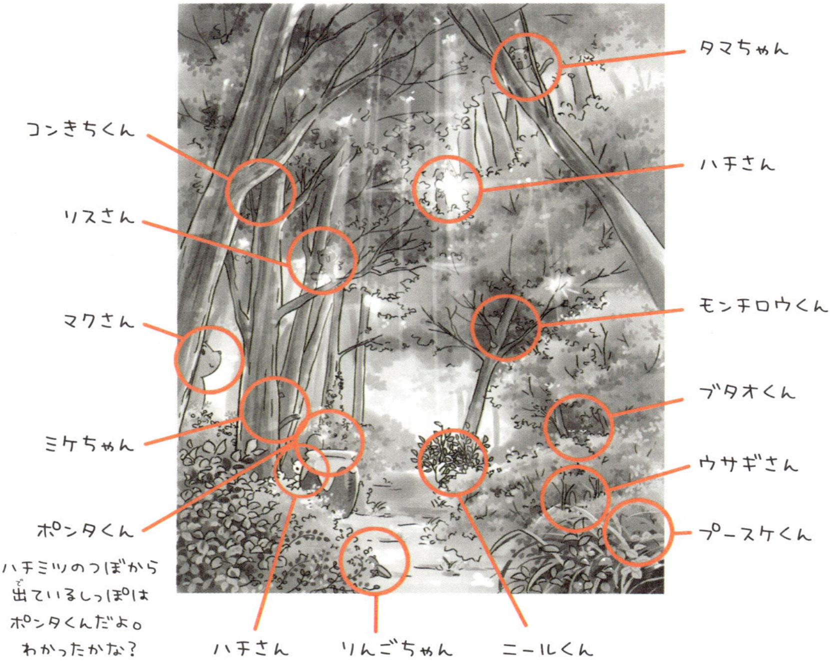
タマちゃん
コンきちくん
ハチさん
リスさん
マクさん
モンチロウくん
ブタオくん
ミケちゃん
ウサギさん
ポンタくん
プースケくん
ハチミツのつぼから
出《で》ているしっぽは
ポンタくんだよ。
わかったかな？
ハチさん
りんごちゃん
ニールくん

98ページ「みんなにリンゴをくばろう！」のこたえ

このキノコは３こ

101ページ「ひろばでパーティー」のこたえ

バナナはぜんぶで８本《ほん》

著者プロフィール

太田 知子（おおた ともこ）

昭和50年、東京都生まれ。２児の母。
イラスト、マンガを仕事とする。
450万部を突破している「子育てハッピーアドバイス」シリーズ（１万年堂出版）のイラストを担当。
著書『子育てハッピーたいむ』１～３
　　『りんごちゃんと、おひさまの森のなかまたち』１

●ブログ「太田知子の毎日プチハッピー♪ ななとひよこの散歩道」
http://happy-moko.tea-nifty.com/

●「子育てハッピーアドバイス」シリーズ紹介サイト
http://www.happyadvice.jp/

りんごちゃんと、おひさまの森のなかまたち２
よい習慣が身につく絵本

平成27年(2015) ３月２日　第１刷発行
平成27年(2015) ４月１日　第３刷発行

監　修　明橋 大二
著　者　太田 知子
発行所　株式会社 １万年堂出版
　〒101-0052 東京都千代田区神田小川町2-4-5F
　電話 03-3518-2126
　FAX 03-3518-2127
　http://www.10000nen.com/

公式メールマガジン「大切な忘れ物を届けに来ました★１万年堂通信」
上記URLから登録受付中

装幀・デザイン　遠藤 和美
印刷所　凸版印刷株式会社

ISBN978-4-925253-87-1 C0037

「子育てハッピーアドバイス」の 思いやりのこころを育む絵本

人気作家 ローレン・チャイルドの絵本を
世界で同時発売！

ほんとうは なかよし
～エルモアとアルバート～

ローレン・チャイルド 作　明橋大二 訳

きょうだいがいるからこそ支え合え、笑い合える喜びと、幸せを教えてくれます。

（あらすじ）

一人っ子のエルモアは、なんでもひとりじめです。
へやもテレビも、おもちゃも、パパとママさえも……。
ところがある日、エルモアのいえに、なにものかがやってきます。
その「ちっちゃい人」は、なんのゆるしもなく、エルモアのせかいに入りこみ、エルモアのせいかつを、めちゃくちゃにしてしまいます。
さぁ、はたしてエルモアは、これから、どうなってしまうのでしょう？

対象年齢

4歳～小学校低学年むき

◎本体 1,600円+税
ISBN978-4-925253-80-2

ミュージカルにもなったイギリスのベストセラー

ピンクになっちゃった！

リン・リカーズ 作
マーガレット・チェンバレン 絵
明橋大二 訳

（あらすじ）

ペンギンの男の子、パトリックがあるあさ、目ざめると、からだがピンクいろになっていました！
あたまのてっぺんから足の先まで、すっかりピンクです。
「ひどいよ！　みんなにわらわれちゃう。ピンクのペンギンなんて、きいたことないもん！」
パトリックは、ピンクいろのなかまをもとめて、いえをとび出しました。
なんきょくをしゅっぱつし、うみをわたり、やってきたのは、フラミンゴのすむアフリカ――。
でも、そこなら、うまくやっていけるのでしょうか？

対象年齢　4歳～小学校低学年むき

他人と違っていても
大丈夫。
そう教えてくれる、
心温まる絵本です。

◎本体 1,400円+税　ISBN978-4-925253-71-0